JN410989

아리랑찬가

사람시선 ❶

아리랑찬가

박해전 시집

사람일보

시인의 말

문재인 대통령과 김정은 국무위원장의 역사적 상봉과 판문점선언을 경축하여 이 시집을 낸다.

2018년 8월 27일

박해전

차례

제1부 사랑의 노래

제2부 아리랑찬가

부록

제1부

사랑의 노래

6·15 10·4 아리랑

아리랑 아리랑 아라리요
아리랑 고개로 넘어간다
6·15 공동선언 통일의 길을
우리 민족끼리 활짝 연다

아리랑 아리랑 아라리요
아리랑 고개로 넘어간다
저기 저 산이 백두산이라지
민족의 자주로 찬란하다

아리랑 아리랑 아라리요
아리랑 고개로 넘어간다
저기 저 산이 한라산이라지
평화의 세계로 나아간다

아리랑 아리랑 아라리요
아리랑 고개로 넘어간다
10·4 공동선언 조국의 번영
우리 민족끼리 꽃피운다

2008. 5.

조국을 찾아서

그대를 부른다

그리운 조국이여

남과북 바다 멀리

그 어디에 있어도 하나

그리운 얼굴이여

사람 사는 세상
조국을 찾아서
그대는 삼천리 금수강산
봄을 알리는 한 마리 제비로
콘크리트 장벽 철조망 넘어
북녘을 날아가고

허리 잘려 짐승보다
아프게 눈을 뜨는
구로공단 노동자 만경평야 농민
한라 지리산 수유리 언덕에
피어나는 들꽃의 염원을 모아
그대를 부른다

사람이 살고 있었네
흐르지 않는 강 저편엔
사람이 살고 있었다네
갈잎 푸른잎 피고지고 진달래산천
억수만년 살아가는 겨레의 숨결이여

그대 철들어

사십줄에 끌어안은

어머니 조국의 밤은 깊고

별꽃은 푸르러 백두 밀림에서

한라까지 통일의 꽃

조국은 하나다

백두에서 내딛는
겨레의 행진
7천만 겨레 조국통일 함성으로
범민련의 깃발이 솟고
철천지 원수
분단을 깨뜨리며
그대 이 세상 끝까지
달려간다

조국을 찾아나선
그대의 발자욱 따라
조국을 그리는
시인의 노래로
피어나는 통일의 꽃이여
통일문학의 꽃이여

그대 심장에 아로새긴 통일
조국을 내 안으리
조국은 하나
겨레의 심장에 알알이 수놓은
시인의 노래
끝없이 합창하며
따사로운 조국의 품속에서 마침내
우리 만나리

그대를 부른다
그리운 조국이여
남과북 바다 멀리
그 어디에 있어도 하나
그리운 얼굴이여

〈통일문학 통일예술〉 1992. 8. 15.

백두산사람

나는
백두산사람
사랑할줄 모르는
바보
그대 사랑할 수 있나요

왜놈 양놈 제국주의 악마
모진 식민과 분단의 광풍에
빼앗긴 들판
허울 좋은 껍데기 세월

연애 결혼 출산

취업 주택 인간관계

희망 외모 건강

생지옥의 참혹한 낭떠러지 9포세대

언제나
온몸에 햇살을 받고
아사달 아사녀로 일어나
그대 사랑할 수 있나요

나는

백두산사람

사랑할줄 모르는

바보

그대 사랑할 수 있나요

2016. 8. 4.

이별

이제
태양이 빛나는
새 길을 찾아
떠납니다

사랑은

자신의 인생과 운명의 주인

백두산 줄기에 해마다

붉게 피어나는 진달래의 참된 삶을 선사하는 것

한라산 기슭에 뿌리박은

연리지 하나의 생명으로 사는 것

언제나
그리운 봄날의 모란꽃
사랑한다는 말 미처
다 하지 못하고
그 사랑 끌어안지 못하고

부디
건강하고 행복하라는 편지
한 장 남기지 못하고
먼길 떠납니다

2015. 2. 19.

사랑의 노래

그대여
미래로 열린 사랑을 하자
제국주의 노예 사슬 끊고
주인으로 일어나
해맑은 그대여

그대여

미래로 열린 사랑을 하자

통일조국에서 따사로운

행복의 꽃 피도록

내 사랑 그대여

그대여

미래로 열린 사랑을 하자

민족의 노래 아리랑

함께 부르며

아리랑 고개

손잡고 넘을 그대여

2014. 7. 8.

개나리 댕기

대한문 앞 수놓은 개나리 추모 댕기들
안산 단원고 학부모들 치켜든
깃발처럼 바람에 펄럭인다
'세월호 참사 진실을 밝히라'

제국주의 핵잠수함 득시글거리는 서해
다국적 연합군사훈련처럼
'꼼짝 말고 가만히 있으라'
선장의 명령받고 수학여행 꽃다운 생명들 스러져갔다

광화문 유가족 농성장 유민 아버지
25일째 단식하며 350만 청원에도
어이 '세월'의 진상 밝히지 않냐고
목메어 절규하고 있다

원통한 죽임의 바다 식민과 분단의 세월
칠흑의 안개를 걷고
햇살 밝은 자주와 통일의 바다
살림의 세월로 나아가라고

2014. 8. 7.

제2부

아리랑찬가

봉화산 부엉이바위야 너는 알고 있느냐

노무현 대통령 고향마을
봉화산 부엉이바위야
너는 알고 있느냐

푸른 오월 신새벽 어찌하여 역사 속으로
홀연히 온몸 던져야만 했던가
그것은 분명 영원히 다시 올 수 없는
아득한 과거이고 태양이 찬란한 미래일 수 없어라

이천팔구년 하루하루 또 하루
백천길 낭떠러지 마냥
악몽처럼 산산히 부서져내렸는가
노무현 대통령 아닌 한국 민주주의여

6·15 자주통일 10·4 평화번영의 공든탑
드팀없이 쌓아온 남북해외 온 겨레
고통의 바다에서 통곡했어라

노무현 대통령 고향마을
봉화산 부엉이바위야
너는 알고 있느냐

그것은 2007 대선 2008 총선에서
예고된 운명이더냐
6·15 시대정신 여야 까맣게 잊고
미국산 비비케이 사기노름이 판친 대통령 선거
10·4 남북관계 발전과 평화번영 실천의 맹세도 없이
제정당사회단체 제각각 이기주의 수렁에 빠져
6·15 10·4 평화통일정권 오롯이 잇질 못하고
6·15 10·4 평화통일국회 흐릿해졌어라

노무현 대통령 고향마을
봉화산 부엉이바위야
너는 알고 있느냐

누가 노무현은 바보라고 업수이 부르더냐
아니다 아! 노무현 대통령은
읍에서 10리나 떨어진 진영 산골짜기
가난한 농가에서 태어나
온갖 가시밭길 헤치고 성공한 불세출의 대정치인
민족자주와 조국통일 기상이 나래치는 21세기
첫 대선에서
새 정치와 언론개혁 신념을 안겨준 선구자
김대중 국민의 정부 계승하여
역사적인 6·15 공동선언 실천하겠노라
공약하고 선거혁명 주도한 승리자

노무현 대통령 고향마을
봉화산 부엉이바위야
너는 알고 있느냐

절체절명 북·미 핵전쟁 위기에서
한반도 전쟁 결코 용납할 수 없노라
반전평화 선포한 평화의 수호자를

조국과 민족 앞에
7천만 겨레의 대통합시대 열겠노라
취임사 그 약속대로 10·4 선언 이루어
조국통일의 새 역사 창조했어라

제왕적 대통령상 훌훌 벗어던지고
참여정부 모든 권력기관 국민의 봉사자로 거듭나게 했어라
대통령 욕 실컷 해도 오히려 공포감이 없는 나라
정경유착 권언유착의 고리 마침내 끊어
원칙과 상식이 통하는 민주주의
국민이 대통령인 국민주권시대 열었어라

노무현 대통령 고향마을
봉화산 부엉이바위야
너는 알고 있느냐

민주주의 수레바퀴 거꾸로 갈 수 없노라
자주통일 평화번영의 길 가로막을 수 없노라
반역의 역사 거짓의 역사 용서할 수 없노라
순국열사의 의지로 준엄한 심판 하였어라

노무현 대통령은 국민들 서늘한 가슴 속에
민주주의 장애물
자주통일 평화번영의 장벽
타파하는 횃불로 끝끝내 타오르리라

너무 슬퍼하지 마라
원망하지 마라
운명이다
민주주의
자주통일
평화번영
사람 사는 세상 이루는 날
남북해외 우리 겨레 모두 모두
최후의 승리자로 우뚝 서는 날
거대한 침묵 깨뜨리며
더욱 뜨겁게 우리 곁으로 돌아올지니

노무현 대통령 고향마을
봉화산 부엉이바위야
너는 알고 있느냐

노무현 추모시집 〈고마워요 미안해요 일어나요〉 2009.

김대중

김대중은 21세기 위대한
우리 민족의 첫 걸음
6·15 공동선언의 주인공

김대중은 노무현
6·15와 10·4 선언은 하나
자주통일 평화번영의 새 세상 열었노라

행동하는 양심으로 반역자들에게 맞서
1980년 학살자가 날뛰던 오월
반국가단체 사슬에 묶여 사선을 넘고

죽어도 죽지 않는 인동초 꽃피워
50년 만의 수평적 정권교체
인권의 승리 선언했노라

생의 마지막 순간까지
야만의 거친 세월 추스르며
조국과 민족을 사랑했노라

김대중은 노무현과 함께
민주주의 평화통일의 바다 이루어
통일조국에서 민족과 더불어 영생하리라

김대중 추모시집 〈님이여, 우리들 모두가 하나되게 하소서〉 2009.

끝나지 않은 노래

김남주와 빅토르 하라를 추억하며

바다 건너 저편 칠레 산티아고의 빅토르 하라
그의 기타는 총 그의 노래는 총알
착취와 억압의 사슬 깨부수는
민중해방의 노래
반역자의 피묻은 손에 학살되었지

해남 농민의 아들 김남주
남민전 전사의 시는 혁명의 무기
5월 광주 학살의 원흉과 원격 조종자들 증오하고
민족해방의 노래
조국은 하나다 깃발 높이 올렸지

지난 세기 혁명의 불꽃 피워낸
시인 김남주와 민중가수 빅토르 하라
그들의 노래는 끝나지 않았네

그들 앗아간 악마 제국주의 패권
마침내 깨지고
인류 모두 주인되어 평화롭게 살 날
온 세상 가까이 왔네
그날까지 민중해방 민족해방의 노래
끝없이 울려가리

2016. 8. 9.

아리랑찬가

새봄 오는 아리랑 백두산
꽃이 피는 아리랑 한라산
아리랑 우리 민족 아리랑 우리 조국

삼천리 금수강산
억수만년 뿌리 내린
남북해외 팔천만 아리랑 단군의 아들딸

우주의 중심
태양으로 떠올라
아리랑 사람 사는 세상

한세기 고난과 시련의 고개
아리랑 넘고 넘어
식민과 분단 날강도 물리치는
이십일세기 인류자주의 축포
샛별 솟는다

자주통일 평화번영 세계평화 불멸의 금자탑
판문점선언 숭엄한 푯대 온누리 진감하여라
아리랑 주체혁명 오대양 육대주 한 품에 안고
마침내 승리하리라

새봄 오는 아리랑 백두산
꽃이 피는 아리랑 한라산
아리랑 우리 민족 아리랑 우리 조국

2018. 8. 15.

부록

한반도의 평화와 번영, 통일을 위한 판문점 선언

대한민국 문재인 대통령과 조선민주주의인민공화국 김정은 국무위원장은 평화와 번영, 통일을 염원하는 온 겨레의 한결같은 지향을 담아 한반도에서 역사적인 전환이 일어나고 있는 뜻깊은 시기에 2018년 4월 27일 판문점 평화의 집에서 남북정상회담을 진행하였다.

양 정상은 한반도에 더 이상 전쟁은 없을 것이며 새로운 평화의 시대가 열리었음을 8천만 우리 겨레와 전 세계에 엄숙히 천명하였다.

양 정상은 냉전의 산물인 오랜 분단과 대결을

하루 빨리 종식시키고 민족적 화해와 평화번영의 새로운 시대를 과감하게 열어나가며 남북관계를 보다 적극적으로 개선하고 발전시켜 나가야 한다는 확고한 의지를 담아 역사의 땅 판문점에서 다음과 같이 선언하였다.

1. 남과 북은 남북 관계의 전면적이며 획기적인 개선과 발전을 이룩함으로써 끊어진 민족의 혈맥을 잇고 공동번영과 자주통일의 미래를 앞당겨 나갈 것이다.

남북관계를 개선하고 발전시키는 것은 온 겨레의 한결같은 소망이며 더 이상 미룰 수 없는 시대의 절박한 요구이다.

① 남과 북은 우리 민족의 운명은 우리 스스로 결정한다는 민족 자주의 원칙을 확인하였으며

이미 채택된 남북 선언들과 모든 합의들을 철저히 이행함으로써 관계 개선과 발전의 전환적 국면을 열어나가기로 하였다.

② 남과 북은 고위급 회담을 비롯한 각 분야의 대화와 협상을 빠른 시일 안에 개최하여 정상회담에서 합의된 문제들을 실천하기 위한 적극적인 대책을 세워나가기로 하였다.

③ 남과 북은 당국 간 협의를 긴밀히 하고 민간교류와 협력을 원만히 보장하기 위하여 쌍방 당국자가 상주하는 남북공동연락사무소를 개성지역에 설치하기로 하였다.

④ 남과 북은 민족적 화해와 단합의 분위기를 고조시켜 나가기 위하여 각계각층의 다방면적인 협력과 교류 왕래와 접촉을 활성화하기로 하였다.

안으로는 6·15를 비롯하여 남과북에 다같이 의의가 있는 날들을 계기로 당국과 국회, 정당, 지방자치단체, 민간단체 등 각계각층이 참가하는 민족공동행사를 적극 추진하여 화해와 협력의 분위기를 고조시키며, 밖으로는 2018년 아시아경기대회를 비롯한 국제경기들에 공동으로 진출하여 민족의 슬기와 재능, 단합된 모습을 전세계에 과시하기로 하였다.

⑤ 남과 북은 민족 분단으로 발생된 인도적 문제를 시급히 해결하기 위하여 노력하며, 남북적십자회담을 개최하여 이산가족·친척상봉을 비롯한 제반 문제들을 협의 해결해 나가기로 하였다.

당면하여 오는 8·15를 계기로 이산가족·친척상봉을 진행하기로 하였다.

⑥ 남과 북은 민족경제의 균형적 발전과 공동번영을 이룩하기 위하여 10·4선언에서 합의된 사업들을 적극 추진해 나가며 1차적으로 동해선 및 경의선 철도와 도로들을 연결하고 현대화하여 활용하기 위한 실천적 대책들을 취해나가기로 하였다.

2. 남과 북은 한반도에서 첨예한 군사적 긴장상태를 완화하고 전쟁 위험을 실질적으로 해소하기 위하여 공동으로 노력해 나갈 것이다.

① 남과 북은 지상과 해상, 공중을 비롯한 모든 공간에서 군사적 긴장과 충돌의 근원이 되는 상대방에 대한 일체의 적대행위를 전면 중지하기로 하였다.

당면하여 5월 1일부터 군사분계선 일대에서 확

성기 방송과 전단살포를 비롯한 모든 적대 행위들을 중지하고 그 수단을 철폐하며 앞으로 비무장지대를 실질적인 평화지대로 만들어 나가기로 하였다.

② 남과 북은 서해 북방한계선 일대를 평화수역으로 만들어 우발적인 군사적 충돌을 방지하고 안전한 어로 활동을 보장하기 위한 실제적인 대책을 세워나가기로 하였다.

③ 남과 북은 상호협력과 교류, 왕래와 접촉이 활성화 되는 데 따른 여러 가지 군사적 보장대책을 취하기로 하였다.

남과 북은 쌍방 사이에 제기되는 군사적 문제를 지체 없이 협의 해결하기 위하여 국방부장관회담을 비롯한 군사당국자회담을 자주개최하며 5

월 중에 먼저 장성급 군사회담을 열기로 하였다.

3. 남과 북은 한반도의 항구적이며 공고한 평화체제 구축을 위하여 적극 협력해 나갈 것이다.

한반도에서 비정상적인 현재의 정전상태를 종식시키고 확고한 평화체제를 수립하는 것은 더 이상 미룰 수 없는 역사적 과제이다.

① 남과 북은 그 어떤 형태의 무력도 서로 사용하지 않을 데 대한 불가침 합의를 재확인하고 엄격히 준수해 나가기로 하였다.

② 남과 북은 군사적 긴장이 해소되고 서로의 군사적 신뢰가 실질적으로 구축되는 데 따라 단계적으로 군축을 실현해 나가기로 하였다.

③ 남과 북은 정전협정체결 65년이 되는 올해에 종전을 선언하고 정전협정을 평화협정으로 전환하며 항구적이고 공고한 평화체제 구축을 위한 남·북·미 3자 또는 남·북·미·중 4자회담 개최를 적극 추진해 나가기로 하였다.

④ 남과 북은 완전한 비핵화를 통해 핵 없는 한반도를 실현한다는 공동의 목표를 확인하였다.

남과 북은 북측이 취하고 있는 주동적인 조치들이 한반도 비핵화를 위해 대단히 의의 있고 중대한 조치라는데 인식을 같이 하고 앞으로 각기 자기의 책임과 역할을 다하기로 하였다.

남과 북은 한반도 비핵화를 위한 국제사회의 지지와 협력을 위해 적극 노력하기로 하였다.

양 정상은 정기적인 회담과 직통전화를 통하여 민족의 중대사를 수시로 진지하게 논의하고 신뢰를 굳건히 하며, 남북관계의 지속적인 발전과 한반도의 평화와 번영, 통일을 향한 좋은 흐름을 더욱 확대해 나가기 위하여 함께 노력하기로 하였다.

당면하여 문재인 대통령은 올해 가을 평양을 방문하기로 하였다.

2018년 4월 27일

판문점

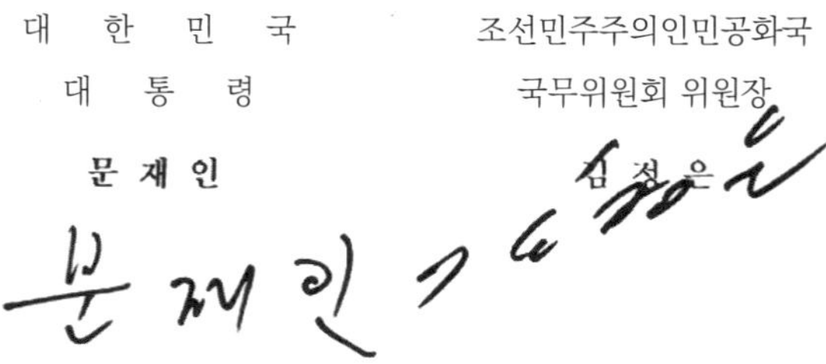

대 한 민 국 / 대 통 령 / **문 재 인**

조선민주주의인민공화국 / 국무위원회 위원장 / **김 정 은**

판문점선언 실천 거국내각을 요청한다

민족의 자주와 대단결을 위한 조국통일촉진대회에 즈음해 제정당사회단체에 보내는 공개서한

우리는 오는 14일 남북해외 3자연대로 진행되는 민족의 자주와 대단결을 위한 조국통일촉진대회에 제정당사회단체가 적극 참여하기 바라며, 이를 계기로 역사적인 판문점선언을 실천하는 거국내각 수립에 지혜와 힘을 모아줄 것을 촉구합니다.

문재인 대통령과 김정은 국무위원장이 김대중 대통령과 김정일 국방위원장의 역사적인 6·15 공동선언, 노무현 대통령과 김정일 국방위원장의 10·4 선언을 계승하여 공동 서명한 4·27 판문점선언은 우리 민족의 자주통일과 평화번영,

세계평화의 새로운 이정표입니다.

역사는 정부, 국회, 지방자치단체, 제정당사회단체가 민족자주의 원칙에서 온 겨레의 한결같은 지향을 담은 판문점선언의 완수를 총적목표로 삼아 거국내각을 세워 적극 실천에 나설 것을 요구하고 있습니다. 민족자주와 조국통일은 여야, 좌우, 보수와 진보를 초월한 거족적이며 거국적인 지상과업으로서 여야 보수 진보 제정당사회단체를 포괄하는 거국내각으로써 실현될 수 있습니다.

먼저, 국회는 즉각 판문점선언을 비준해야 합니다. 동시에 조국통일촉진법을 제정해 판문점선언에 역행하는 반민족 반통일 사대매국 행위를 엄벌해야 할 것입니다.

문재인 대통령은 이를 계기로 제정당사회단체를 포용하는 판문점선언 실천을 위한 거족적인 거국내각을 조직해 이명박 박근혜 정권에서 파괴된 김대중 노무현 대통령의 남북경제공동체 건설 업적을 하루빨리 복원하여 민생경제를 살려야 합니다.

더불어민주당은 오는 25일 전당대회에서 7·4 남북공동성명, 남북기본합의서, 6·15공동선언과 10·4정상선언뿐만 아니라 판문점선언을 존중하고 계승한다는 점을 명시한 새 강령을 채택할 예정입니다. 민주당은 정세의 요구에 맞게 이번 전당대회에서 판문점선언 실천 거국내각과 판문점선언에 기초한 자주통일 평화번영 헌법 제정을 핵심정책으로 결의하고 이를 실현할 적임자를 당대표로 선출해야 할 것입니다.

자유한국당 비상대책위원회 김병준 위원장이 제 역할을 하려면 판문점선언 국회 비준에 협력하고 거국내각과 판문점선언에 의거한 헌법 개정에 동참해야 할 것입니다. 제정당사회단체는 판문점선언 이행을 중심에 놓고 단결해 9월 정기국회에서 이러한 핵심과제를 반드시 해결해야 합니다.

판문점선언의 연장선에 있는 6·12 조미공동성명은 양국간 핵전쟁 위기를 해소하고 세계평화의 새로운 지평을 열었습니다. 양국은 공동성명 1항에서 무엇보다 먼저 오랜 적대관계를 청산하고 조미수교를 비롯한 공동의 평화와 번영의 새로운 조미관계를 수립해나갈 것을 약속했습니다.

우리는 판문점선언과 6·12 조미공동성명에 따

라 한반도 정전협정 당사국인 조미한중이 하루 빨리 한반도 종전선언과 함께 평화협정을 체결할 것을 요구합니다. 또한 세계 핵보유국들이 핵무기 없는 세계를 염원하는 인류의 염원에 맞게 한반도 비핵화와 동시에 세계 비핵화를 실현할 것을 촉구합니다.

조미간 핵대결의 역사를 돌아보면 조미간 핵전쟁을 막고 평화공존하는 길은 한반도 비핵화와 미국을 비롯한 세계 비핵화를 동시에 단계적으로 추진하는 방법밖에 다른 선택이 없습니다. 핵전략국가들의 회담에서 어느 일방이 어느 일방의 핵무장해제만을 강요하는 거래방식은 통할 수 없습니다.

미국은 완전한 비핵화 의제와 관련해 '완전하고 검증 가능하며 불가역적인 한반도 비핵화

(CVID)'는 '완전하고 검증 가능하며 불가역적인 한반도 안전 담보(CVIG)'와 '완전하고 검증 가능하며 불가역적인 미국 비핵화(CVID)'와 '완전하고 검증 가능하며 불가역적인 세계 비핵화(CVID)'와 하나로 연결되어 있음을 직시해야 합니다.

이제 트럼프 미국 대통령은 6·12 조미공동성명에 따라 대북제재를 해제하고, 문재인 대통령은 판문점선언에 따라 개성공단과 금강산 관광을 재개하고 민생경제를 살리는 남북경제공동체 건설에 매진해야 합니다. 민생경제를 살리려면 분단경제의 구조적 적폐를 청산하고 통일경제로 전진해야 합니다.

한국 경제의 현실은 외국자본이 몸통을 차지하고 재벌은 깃털, 빚더미에 눌린 가계는 빈껍데기에 지나지 않습니다. 국민들이 국민총생산을 높이고 수출을 늘려도 한국경제를 지배하는 외국자본이 과실을 먹고 국민은 나눌 떡이 없습니다.

이런 파국적 상황은 일찍이 박정희 정권이 차관경제와 외세의존경제에 매달렸고, 그로부터 외국자본의 논리가 한국경제에 관철된 필연적 결과입니다. 한국경제는 이런 분단경제의 적폐를 청산하고 통일경제로 전환할 것을 절박하게 요구하고 있습니다.

우리는 문재인 대통령이 10·4 선언에 명시된 부총리급 남북경제협력공동위원회를 운영해 합의된 사업들을 적극 추진하고, 남북의 인적 물적 자원을 공동개발하는 유무상통 공리공영의 남북경제공동체 건설에 더욱 힘써줄 것을 요청

합니다. 그러면 민족경제의 균형적 발전과 공동번영을 이루면서 국민자본이 한국경제의 몸통으로 정상화될 수 있고, 가계부채, 일자리와 청년실업, 복지 문제를 전면적으로 해결할 수 있는 길이 열릴 것입니다.

통일만이 민생을 살릴 수 있습니다. 정부는 판문점선언에 의거한 민생경제 발전 전략을 수립하고 내년도 국가예산 편성에서 남북경제공동체 건설 부문을 중요하게 고려해야 할 것입니다. 지방자치단체도 남북경협에 적극 나서 지방경제를 살리고 남북경제공동체 건설에 기여해야 합니다.

우리는 조국의 분단을 막고 민족통일국가를 수립하기로 결정한 역사적인 남북 제정당사회단체 대표자 연석회의 70돌이 되는 올해에 판문점선언에 따라 정부 정당 국회 지방자치단체 민간이 참가하는 전민족적 통일대회합을 성사함으로써 식민과 분단의 적폐를 청산하고 민족자주와 조국통일 위업을 실현할 것을 촉구합니다.

우리는 제정당사회단체를 아우르는 거국내각을 세워 판문점선언을 완수하고 자주통일 평화번영 세계평화를 실현할 것을 다시 한번 요청합니다.

2018년 8월13일

판문점선언실천국민연대 상임대표 박해전

아리랑찬가

2018년 8월 25일 1판 1쇄 찍음
2018년 8월 27일 1판 1쇄 펴냄

지은이 박해전
펴낸이 박해전
펴낸곳 사람일보
편집 장동욱 최준원 인병문
디자인 디자인생각(장동욱 최준원)

등록 제 2016-000021호
주소 (34664) 대전시 동구 동부로 55-58
603동 306호 (판암동, 주공아파트)
전화 (02)747-6150
팩스 (02)2253-7808
이메일 saram@saramilbo.com

ISBN 978-89-963165-7-2

값 10,000원